Toni malt ein Corona-Karussell

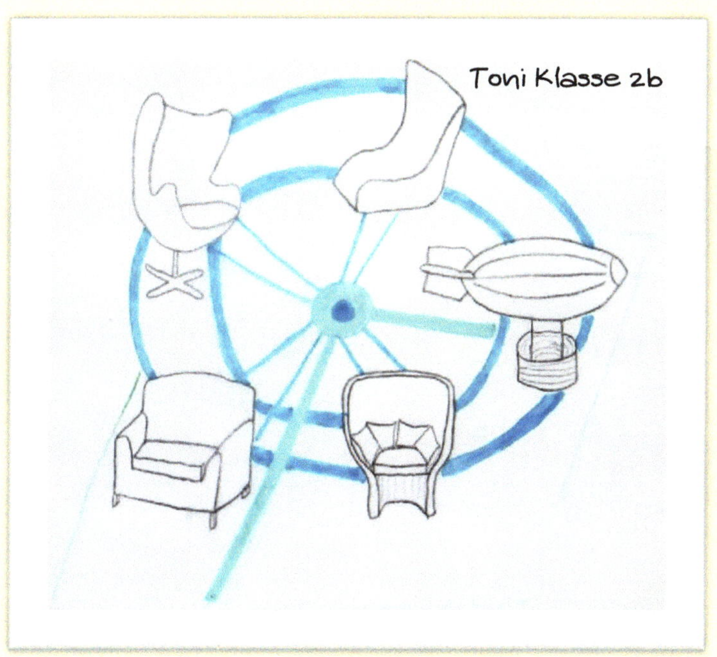

Anne Stein

Jens Spahn
Mitglied des Deutschen Bundestages
Platz der Republik 1
11011 Berlin

10.09.24

Jens Spahn
Mitglied des Deutschen Bundestages

Liebe Frau Stein,

herzlichen Dank für das übersandte Buch
und die netten persönlichen Zeilen.
Gerne schaue ich es mir in Kürze an.
Ihnen und den Kolleginnen und Kollegen an der Schule ein
großes Dankeschön für Ihre Arbeit! Berlin, [...]

Platz der Republik 1 · 11011 Berlin · +49 (0)30 - 227 79309 · jens.spahn@bundestag.de

Autorenname   Anne Stein

Bilder/Illustrationen   Anne Stein

Verlag   BoD · Books on Demand GmbH,
                        In de Tarpen 42,
                        22848 Norderstedt, bod@bod.de

Druck   Libri Plureos GmbH,
                        Friedensallee 273,
                        22763 Hamburg

ISBN: 978-3-7583-5124-2

Bibliografische Information der Deutschen Nationalbibliothek: Die Deutsche Nationalbibliothek verzeichnet diese Publikation in der Deutschen Nationalbibliografie; detaillierte bibliografische Daten sind im Internet über dnb.dnb.de abrufbar.

Die automatisierte Analyse des Werkes, um daraus Informationen insbesondere über Muster, Trends und Korrelationen gemäß §44b UrhG („Text und Data Mining") zu gewinnen, ist untersagt.

Inhalt

EINLEITUNG 7

BLAUER SITZPLATZ 11

GRÜNER SITZPLATZ 15

ROTER SITZPLATZ 18

ORANGENER SITZPLATZ 24

GELBER SITZPLATZ 28

ENDE 31

P.S. 33

AUTORIN 36

Einleitung

Hi Leute. Ich bin Toni. Ich gehe in die Nashorn-Klasse 2b und hatte gestern eine coole Aufgabe in der Schule zu erledigen. Wir sollten ein Bild malen. Ich male gerne und kann das auch gut. Also genau die richtige Aufgabe für mich. Wir durften etwas zum Corona-Virus malen. Die meisten haben komische grüne Kugeln mit roten Noppen drauf gemalt. Das war wohl eine gute Idee und gab einen Stern von meinem Lehrer Herrn Bert. Ich habe folgendes gemalt:

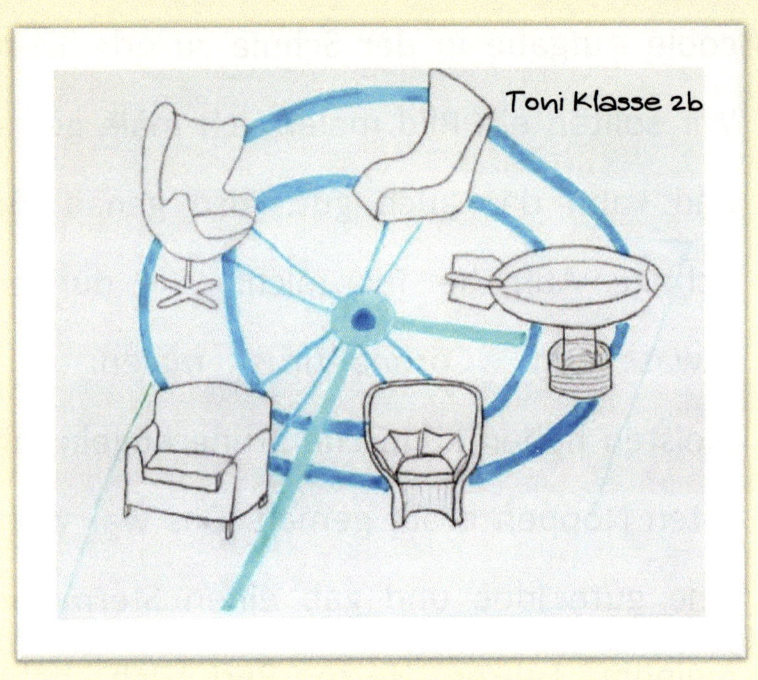

Toni Klasse 2b

Es ist ein Karussell. Um genau zu sein – ein Corona-Karussell. Es hat unterschiedliche Sitzplätze. Herr Bert hat sich mein Karussell angesehen und mich gefragt, ob ich die Kirmes vermisse. Ich dachte – irgendwie schon – und habe „ja" gesagt. Herr Bert meinte, dass die Kirmes wegen der Corona Pandemie ja gerade nicht stattfinden kann und deswegen passt mein Bild schon irgendwie zur Aufgabe.

Vielleicht habe ich die Aufgabe nicht richtig verstanden. Aber ich war auch noch nicht fertig. Ich hätte es Herrn Bert so gerne erklärt. Aber damit er es versteht, hätte ich viel Zeit gebraucht. Darüber könnte ich ein Buch schreiben und so lange könnte Herr

Bert mir gar nicht zuhören. Mein Corona-Karussell hat nämlich genau 5 Sitzplätze. Mal fahre ich auf dem blauen, mal auf dem grünen, mal auf dem roten, mal auf dem orangenen und mal auf dem gelben Sitzplatz. Und egal auf welchem Platz ich sitze, das Karussell dreht sich immer weiter im selben Kreis.

Blauer Sitzplatz

Wenn ich auf dem blauen Sitzplatz Karussell fahre, bin ich unsicher, was passieren wird. Es ist ein Sitzplatz mit hartem Polster. Er ist nicht ungemütlich, aber zu lange möchte ich hier nicht sitzen bleiben. Ich male ihn mal für euch aus:

Wenn ich auf meinem blauen Sitzplatz Karussell fahre, habe ich Wechselunterricht in der Schule. Ihr fragt euch, was das mit Corona zu tun hat? Einiges! Denn Wechselunterricht habe ich, wenn so viele Menschen am Coronavirus erkrankt sind, dass die ganze Klasse nicht mehr zusammen in einem Raum sitzen darf. Um so mehr Menschen zusammenkommen, umso mehr können sich anstecken. Dann mache ich mir immer kurz einen Plan, damit ich weiß, wann ich zur Schule gehen darf und wann ich zu Hause lernen muss. Meine Klasse wird dann in die Gruppen A und B aufgeteilt. Wir sind insgesamt 26 Kinder. Das geht genau auf. Und in meiner Gruppe sind auch immer Leo und Tina. Das sind meine besten Freunde.

Während ich also auf dem blauen Sitzplatz meine Runden drehe, denke ich darüber nach, wann ich jetzt immer zur Schule muss und frage mich, wer wohl noch in meiner Gruppe sein könnte und wen ich jetzt erst mal nicht in der Schule sehen kann.

Februar 2021							März 2021		
22.	23.	24.	25.	26.	27.	28.	01.	02.	03.
Montag	Dienstag	Mittwoch	Donnerstag	Freitag	Samstag	Sonntag	Montag	Dienstag	Mittwoch

März 2021									
04.	05.	06.	07.	08.	09.	10.	11.	12.	13.
Donnerstag	Freitag	Samstag	Sonntag	Montag	Dienstag	Mittwoch	Donnerstag	Freitag	Samstag

Klasse:	2 b	Anzahl Kinder:	26	Klassen-Tier
Gruppe 1:		Gruppe 2:		
Wichtige Freunde von Toni:				

Leo   13   13   Tina

Grüner Sitzplatz

Wenn ich auf dem grünen Sitzplatz Karussell fahre, habe ich eine Sonnenbrille auf und genieße meine Karussellfahrt. Das ist ein schöner, gemütlicher, grüner Sitzplatz. Den male ich mit weichen Kissen. Darauf kann man es sich gut gehen lassen:

Ich darf mich wieder mit Leo und Tina verabreden und mit den ganzen Kindern bei mir auf der Straße spielen. Mama und Papa freuen sich darüber, dass sie mir nicht mehr alle Aufgaben für zu Hause ausdrucken müssen und sind einfach gut drauf. Wir müssen zwar Masken in der Schule tragen, aber wir dürfen uns wieder alle sehen! Es haben sich weniger Menschen mit dem Coronavirus angesteckt. Wir passen weiterhin auf, dass es nicht wieder mehr werden. Wenn ich auf meinem grünen Sitzplatz Karussell fahre, denke ich darüber nach, ob ich bald meinen 7. Geburtstag nachfeiern darf. Den wollte ich in der Kletterhalle feiern und ich hoffe, die macht schnell wieder auf. Ich frage mich, ob wir bald wieder mit Dimi, meinem Schwimmlehrer, schwimmen gehen können und wann wohl endlich wieder die Schwimmbäder öffnen. Ich möchte ans Meer fahren und mit meiner Familie Pommes am Strand essen, tauchen gehen und mit meinem Kescher kleine Krebse und Fische fangen und beobachten. Ich sitze hier und träume von allem, was ich vor der Corona Pandemie einfach machen konnte und freue mich darauf, dass das bald alles wieder geht.

Roter Sitzplatz

Ich kann euch direkt sagen, dass ich den roten Sitzplatz nicht mag. Deswegen ist er auch rot – Alarmstufe rot. Er ist aus Plastik und unheimlich unbequem. Darauf muss ich leider auch mal Karussell fahren – aber gerne mache ich das nicht:

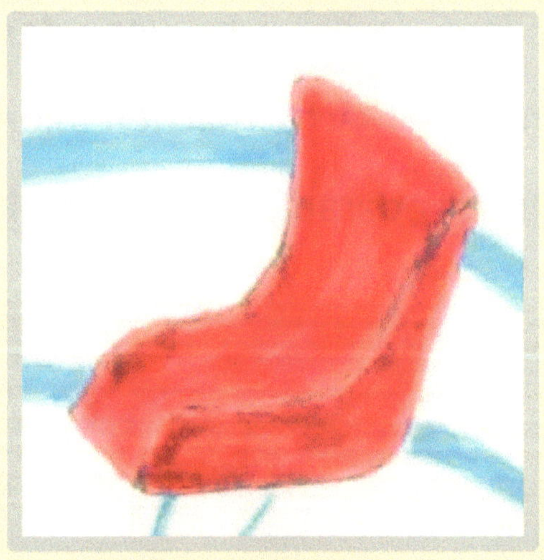

Wenn ich auf dem roten Sitzplatz Karussell fahren muss, heißt das, dass ich in Quarantäne bin. Jemand in meinem Umfeld ist am Coronavirus erkrankt und es könnte sein, dass ich angesteckt wurde. Man weiß zwei Wochen lang nicht, ob man angesteckt wurde oder nicht. Das ist wirklich fies von diesen Viren. Diese zwei Wochen nennt man Inkubationszeit. In dieser Zeit stellt sich heraus, ob ich krank werde oder nicht und deswegen darf ich in diesen zwei Wochen nicht rausgehen – höchstens in den Garten. Und nicht nur deswegen hat die Quarantäne den roten Sitzplatz verdient, sondern vor allem, weil die Stimmung hier im Keller ist. Ich darf nicht mit Leo und Tina spielen. Oma darf nicht vorbeikommen und auch kein anderer.

Mein Papa hat mir erklärt, es ist wie bei diesen Gleitbeutler-Tieren: Die Viren fliegen einfach auf den nächsten Menschen und stecken ihn an. Er sagt auch es sind "Gleitbeutlerviren"! So ein Quatsch! Der trinkt echt zu viel Kaffee. Das hier hat er mir dazu aufgemalt. Sieht ganz schön komisch aus, oder?

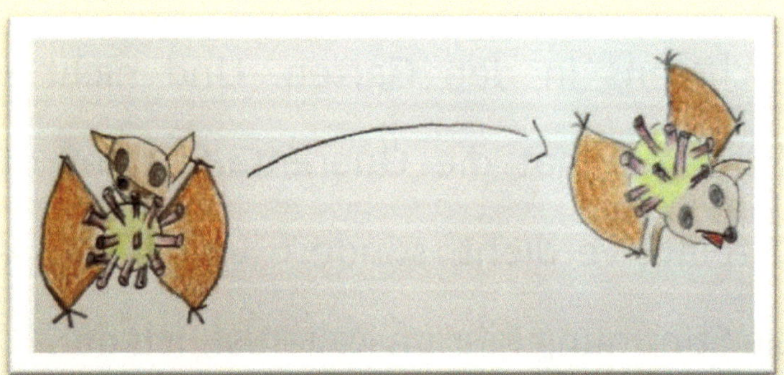

Meine Mama hat mir das anders erklärt. Die Viren können nämlich gar nicht fliegen. Sie haben auch keine Füße oder Rollen unter ihrem Körper. Es ist verflixt! Denn Viren können sich gar nicht fortbewegen. Wir sind die Ochsen, die sie fortbewegen. Wenn wir sprechen oder singen oder husten oder niesen, kommen kleine Tröpfchen und mini mini kleine Tröpfchen – die Aerosole - aus unserem Mund und vielleicht auch aus der Nase und an diesen Tröpfchen und Aerosolen hängen die Coronaviren. Fies! Fies! Fies! Wir sind die Übeltäter ohne dass wir das wissen. Ganz schön clever von den Viren. Und die haben nicht mal ein Gehirn, sagt Mama. Wenn solche Coronaviren-Tröpfchen oder Corona-viren-Aerosole es dann zu mir in die Nase oder in den Mund schaffen, dauert es bis zu 14 Tage bis ich erkranken könnte. Auf diesem Sitzplatz muss ich deswegen leider 14 Tage sitzen bleiben obwohl ich jede Minute aufstehen möchte! Und hier warte ich – auf Schnupfen, Husten, Fieber, Bauchweh, Kopfschmerzen oder die Corona-Selbst-tests, die Mama und Papa gerade für sehr wichtig halten. Mein ganzes Leben lang wird mir erklärt, man soll nichts in die Nase stecken. Und jetzt ratet mal, wo man das Teststäbchen vom Corona-Selbsttest rein-

-stecken muss. Ja, genau! Ganz tief in die

Nase. Igitt!

Orangener Sitzplatz

Wenn ich auf dem orangenen Sitzplatz Karussell fahre, steht meine Welt still. Ich sitze auf einem weichen Polster, weil ich nicht weiß wie lange ich hier sitzen muss.

Ich muss darauf warten, dass sich weniger Menschen mit dem Coronavirus anstecken, weil sonst die Krankenhäuser überfüllt sind und nicht mehr jedem Menschen, der Hilfe benötigt, geholfen werden kann. Denn auch wenn wir Kinder oft während einer Corona-Erkrankung nicht viel merken – viele ältere Menschen und Menschen, die vorher schon krank waren, sind an dem Coronavirus gestorben. Und damit nicht noch mehr Menschen sterben, müssen wir aufeinander aufpassen und dürfen nicht riskieren, dass jemand keinen Platz mehr im Krankenhaus bekommen kann. Das schaffen wir, indem wir uns oft auf das Coronavirus testen, auf Krankheitssymptome achten, Impfungen wahrnehmen und uns an die **AHAL** Hinweise halten: **A**bstand, **H**ygiene – also zum Beispiel Hände waschen, **A**lltagsmaske und **L**üften!

Wenn ich auf dem orangenen Sitzplatz fahre, befinden wir uns im „Lockdown, Alarmstufe orange". Das heißt ich darf nicht mehr in die Schule. Ziemlich viele Geschäfte sind geschlossen. Wir können noch Lebensmittel einkaufen gehen – das machen aber Mama oder Papa. Ich bin eigentlich fast nur zu Hause. Meine Freunde Leo und Tina sehe ich manchmal draußen. Da freue ich mich mmer am meisten drüber. Die Aufgaben aus der Schule muss ich meistens alleine hinbekommen. Ich bin mir hin und wieder unsicher, ob ich die Aufgaben richtig mache aber Mama und Papa müssen oft arbeiten und sich auch um meine Geschwister kümmern, die gerade nicht in den Kinder- garten gehen können. Deswegen sitze ich manchmal eine ganze Stunde vor einem Blatt mit Aufgaben und denke an den gelben Sitzplatz, denn der gelbe Sitzplatz ist mein Joker.

Gelber Sitzplatz

Mein Joker-Zeppelin-Sitzplatz ist hellgelb, wie die Sonne. Ich sitze nicht auf einem Stuhl, Sessel oder Sofa. Ich sitze auf einem weichen gelben Sitzsack in einem Korb. Der Korb ist an einem hellen, gelben Zeppelin befestigt:

Wenn ich in meinem Zeppelin sitze, fliege ich in eine andere Welt. In eine Welt, in der Fledermäuse den Menschen nicht mit Coronaviren angesteckt haben, sondern Mücken fressen, damit sie uns nicht stechen. Ich fliege in eine Welt, in der wir uns wieder umarmen können, uns allen die Hand geben und zusammen sein dürfen. In meiner Welt können wir uns sonntags wieder mit meiner ganzen Familie treffen und zusammen Mittagessen – auch mit Uroma Ruth.

Und wenn ich dort ankomme, feiern wir zuerst einmal eine riesige Party und teilen selbstgebackenen Kuchen, Kekse und Limonade – alle zusammen.

Wie lange muss ich wohl noch auf diese Welt, die ich mir gerade so sehr herbeiwünsche, warten?

Ende

Auf meinem bunten Karussell fahre ich mal auf dem blauen, mal auf dem grünen, mal auf dem roten, mal auf dem orangenen und mal auf dem gelben Sitzplatz - immer wieder im selben Kreis. Wenn ich das nur alles Herrn Bert erklären könnte. Vielleicht würde ich dann auch einen Stern bekommen. Papa meint, ich hätte besser ein "Gleitbeutlervirus" gezeichnet, so wie er - manchmal ist weniger mehr! Mama sagt, ich habe alles richtig gemacht. Vielleicht ergibt sich ja noch einmal die Möglichkeit, Herrn Bert zu beschreiben, wie mein Karussell funktioniert. Mama findet, dafür müsste ich drei Sterne bekommen!

P.S.

Heute hatten wir Kunstunterricht. Herr Bert wollte mit uns etwas zum Coronavirus basteln und hat uns gefragt, ob wir eine Idee haben. Ich habe all meinen Mut zusammengenommen und mich gemeldet. Herr Bert hat mich drangenommen und gefragt, was ich für eine Idee habe. Ich habe vorgeschlagen, dass wir den gelben Zeppelin-Sitzplatz von meinem Karussell basteln könnten. Herr Bert hat dann gefragt, was der gelbe Zeppelin-Sitzplatz mit dem Coronavirus zu tun hat. Daraufhin habe ich Herrn Bert und meiner Klasse den hellen, gelben Joker-Zeppelin-Sitzplatz von meinem Karussell erklärt, mit dem wir jetzt sofort in eine Welt fliegen können, in der Fledermäuse uns nicht mit dem Coronavirus anstecken, sondern Mücken fressen, damit sie uns nicht stechen und in der wir eine riesige Party feiern ohne Masken und Abstand. Und dort können wir auch Geburtstage feiern und Kuchen teilen und Limonade trinken – alle zusammen! Danach wollte Leo wissen, was denn der blaue Sitzplatz bedeutet und Lisa wollte wissen, was beim roten Sitzplatz passiert. Und so habe ich dann doch alle Sitzplätze be-schrieben. Auf einmal war Herr Bert ganz begeistert von meinem Karussell und wollte mein Bild für die ganze Klasse kopieren.

Und jetzt ratet mal, was wir im Kunst-

unterricht gebastelt haben…

Autorin

Anne Stein

09.10.1984

Köln

verheiratet, 4 Kinder

Berufsschullehrerin